国家出版基金项目
NATIONAL PUBLICATION FOUNDATION

记住乡愁

——留给孩子们的中国民俗文化

刘魁立◎主编

第十一辑 生肖祥瑞辑

吉祥瑞兽·凤凰

宋丙玲◎编著

本辑主编 张 勃

北
黑龙江少年儿童出版社

编委会

序

　　亲爱的小读者们，身为中国人，你们了解中华民族的民俗文化吗？如果有所了解的话，你们又了解多少呢？

　　或许，你们认为熟知那些过去的事情是大人们的事，我们小孩儿不容易弄懂，也没必要弄懂那些事情。

　　其实，传统民俗文化的内涵极为丰富，它既不神秘也不深奥，与每个人的关系十分密切，它随时随地围绕在我们身边，贯穿于整个人生的每一天。

　　中华民族有很多传统节日，每逢节日都有一些传统民俗文化活动，比如端午节吃粽子，听大人们讲屈原为国为民愤投汨罗江的故事；八月中秋望着圆圆的明月，遐想嫦娥奔月、吴刚伐桂的传说，等等。

　　我国是一个统一的多民族国家，有 56 个民族，每个民族都有丰富多彩的文化和风俗习惯，这些不同民族的民俗文化共同构筑了中国民俗文化。或许你们听说过藏族长篇史诗《格萨尔王传》

中格萨尔王的英雄气概、蒙古族智慧的化身——巴拉根仓的机智与诙谐、维吾尔族世界闻名的智者——阿凡提的睿智与幽默、壮族歌仙刘三姐的聪慧机敏与歌如泉涌……如果这些你们都有所了解，那就说明你们已经走进了中华民族传统民俗文化的王国。

你们也许看过京剧、木偶戏、皮影戏，看过踩高跷、耍龙灯，欣赏过威风锣鼓，这些都是我们中华民族为世界贡献的艺术珍品。你们或许也欣赏过中国古琴演奏，那是中华文化中的瑰宝。1977年9月5日美国发射的"旅行者1号"探测器上所载的向外太空传达人类声音的金光盘上面，就录制了我国古琴大师管平湖演奏的中国古琴名曲——《流水》。

北京天安门东西两侧设有太庙和社稷坛，那是旧时皇帝举行仪式祭祀祖先和祭祀谷神及土地的地方。另外，在北京城的南北东西四个方位建有天坛、地坛、日坛和月坛，这些地方曾经是皇帝率领百官祭拜天、地、日、月的神圣场所。这些仪式活动说明，我们中国人自古就认为自己是自然的组成部分，因而崇信自然、融入自然，与自然和谐相处。

如今民间仍保存的奉祀关公和妈祖的习俗，则体现了中国人崇尚仁义礼智信、进行自我道德教育的意愿，表达了祈望平安顺达和扶危救困的诉求。

小读者们，你们养过蚕宝宝吗？原产于中国的蚕，真称得上伟大的小生物。蚕宝宝的一生从芝麻粒儿大小的蚕卵算起，中间经历蚁蚕、蚕宝宝、结茧吐丝等过程，到破茧成蛾结束，总共四十余天，却能为我们贡献约一千米长的蚕丝。我国历史悠久的养蚕、丝绸织绣技术自西汉"丝绸之路"诞生那天起就成为东方文明的传播者和象征，为促进人类文明的发展做出了不可磨灭的贡献！

小读者们，你们到过烧造瓷器的窑口，见过工匠师傅们拉坯、上釉、烧窑吗？中国是瓷器的故乡，我们的陶瓷技艺同样为人类文明的发展做出了巨大贡献！中国的英文国名"China"，就是由英文"china"（瓷器）一词转义而来的。

中国的历法、二十四节气、珠算、中医知识体系，都是中华民族传统文化宝库中的珍品。

让我们深感骄傲的中国传统民俗文化博大精深、丰富多彩，课本中的内容是难以囊括的。每向这个领域多迈进一步，你们对历史的认知、对人生的感悟、对生活的热爱与奋斗就会更进一分。

作为中国人，无论你身在何处，那与生俱来的充满民族文化DNA的血液将伴随你的一生，乡音难改，乡情难忘，乡愁恒久。这是你的根，这是你的魂，这种民族文化的传统体现在你身上，是你身份的标识，也是我们作为中国人彼此认同的依据，它作为一种凝聚的力量，把我们整个中华民族大家庭紧紧地联系在一起。

《记住乡愁——留给孩子们的中国民俗文化》丛书，为小读者们全面介绍了传统民俗文化的丰富内容：包括民间史诗传说故事、传统民间节日、民间信仰、礼仪习俗、民间游戏、中国古代建筑技艺、民间手工艺……

各辑的主编、各册的作者，都是相关领域的专家。他们以适合儿童的文笔，选配大量图片，简约精当地介绍每一个专题，希望小读者们读来兴趣盎然、收获颇丰。

在你们阅读的过程中，也许你们的长辈会向你们说起他们曾经的往事，讲讲他们的"乡愁"。那时，你们也许会觉得生活充满了意趣。希望这套丛书能使你们更加珍爱中国的传统民俗文化，让你们为生为中国人而自豪，长大后为中华民族的伟大复兴做出自己的贡献！

亲爱的小读者们，祝你们健康快乐！

刘魁立

二〇一七年十二月

目录

百鸟之王：凤是神化、美化和理想化的鸟

百鸟之王：凤是神化、美化和理想化的鸟

凤本指凤鸟，还有一种鸟为凰鸟，后来凤凰合体，凤便成为凤凰的简称。凤凰古时也写作"凤皇"，是一种美丽的鸟、吉祥的鸟，它被誉为百鸟之王（《大戴礼·易本命》："有羽之虫三百六十，而凤凰为之长"），象征喜庆、安宁、和美与高贵，但在现实世界中并没有凤凰这种鸟。那么，凤凰是怎么来的呢？有一个故事是这样讲的：

在很久以前，凤凰只是一只很不起眼的小鸟，羽毛也很平常，丝毫不像后来那般光彩夺目。但它有一个优点：它很勤劳，不像其他鸟那样吃饱了就只知道玩，而是从早到晚忙个不停，并且它还把别的鸟扔掉的果实都一颗一颗地捡起来，收藏在山洞里。这有什么意思呀？这不是财迷精吗？可别小看了这种贮藏食物的行为，到了一定的时候，它可以发挥大作用呢！果然，有一年森林大旱，鸟儿们找不到食物，都饿得头昏眼花，快支撑不下去了。这时，凤凰打开山洞，把自己多年积存下来的干果和草籽拿出来分给大家，和大家共渡难关。旱灾过后，为了感谢凤凰的救命之恩，鸟儿们各自从自己身上选了一根最漂亮的羽毛拔下来，

3

制成一件光彩耀眼的百鸟衣献给凤凰，并一致推举它为鸟王。从此以后，每逢凤凰生日之时，群鸟都会从四面八方飞来向凤凰表示祝贺，这就是百鸟朝凤的故事。

在这个故事中，凤凰本是一种普通的小鸟，它凭借自己的勤劳、智慧以及奉献精神赢得百鸟臣服，因此，人们常用"百鸟朝凤"来象征君主圣明、天下依附，也

用来比喻德高望重者众望所归。"百鸟朝凤"这个词语大家并不陌生，它也被称作"百鸟朝王"，是古往今来艺术创作中常见的祥瑞主题，在音乐、绘画、陶瓷、剪纸、家具、木雕等作品中经常可以见到，不仅象征君主圣明、天下归附，也常用来表达人们对太平盛世的无限期盼和美好祝愿。比如，流传于山东、安徽、河南、

|清代沈铨绘《百鸟朝凤图》局部 |

河北等地的唢呐名曲《百鸟朝凤》，以热闹欢快的曲调描摹百鸟和鸣之声，莺歌燕舞、鸟语花香，一派生机勃勃的大自然景象，从中不仅可以听到对自由美好生活的向往和追求，也能感受到活泼、粗犷的生活气息。再如绘画作品中，《百鸟朝凤图》也称《仪凤图》，明代画家边景昭和清代画家沈铨均有《百鸟朝凤图》传世，都是以长卷的形式描绘众鸟朝贺凤凰的场景，利用所描绘的对象表达富贵、长寿、幸福等吉祥寓意。

实际上，"百鸟朝凤"的传说故事也为探索凤的起源提供了线索。故事中，凤本是一种普通的鸟，目前大多数学者也认为凤起源于上古时期的鸟崇拜。在我国东部沿海的水陆交汇地区，有着适宜鸟类栖息生存的自然生态环境，南来北往的候鸟以及当地的留鸟很早便成为先民的猎物，并由此产生鸟崇拜。随着先民对鸟类认识的逐渐增加，鸟崇拜进一步加深。在我国东部沿海，自北至南广大区域内的先民都存在过鸟崇拜的观念和习俗，其中最为大家所熟知的就是被称为东夷的原始部族。我国东部沿海地区，早

｜新石器时代龙山文化白陶鬶 山东省文物考古研究院藏｜

在新石器时代的陶器、玉器、骨器上便发现大量鸟的形象，有些便是凤凰的雏形。在山东大汶口文化遗址、龙山文化遗址中出土了大量鸟形陶鬶，口流做成鸟喙状，颈部细长，鼓腹，三袋足，看上去好像鸟儿在昂首仰天而歌。在浙江余姚河姆渡文化遗址中出土了大量鸟类动物的遗骨，还发现了一件雕刻有双鸟朝阳纹的牙雕作品，象牙质地，距今约7000年。牙雕正面阴刻一组大小不等的同心圆，外缘刻烈焰纹，两侧对称雕刻昂首相望

| 新石器时代河姆渡文化双鸟朝阳纹牙雕 距今约7000年 浙江省博物馆藏 |

| 深圳福永凤凰古村"双凤朝阳"照壁 |

谢寿发 摄

的双鸟面向太阳振翅而飞的图案，有学者称其为"双凤朝阳图"。

在中国传统吉祥图案中，丹凤朝阳是大家都非常熟悉的表现题材，通常由美丽的凤鸟向着一轮红日组成，在民间年画、雕刻、剪纸、陶瓷等作品中有大量表现，有美好、吉祥、前途光明的含义。丹凤朝阳也称"鸣凤朝阳"，出自《诗经·大雅·卷阿》："凤凰鸣矣，于彼高冈。梧桐生矣，于彼朝阳。"常用来比喻贤才遇到好时

机。凤鸟为什么要和太阳组合在一起呢？这是因为喜暖向阳、司晨叫明是鸟禽的本性，所以，鸟图腾崇拜多与太阳崇拜相联系，作为鸟禽之王，向阳自然也是凤的本性。有个传说是这样的：远古时期，天上有十个太阳一起炙烤着大地，眼看世界就要灭亡了。勇士后羿为民除害，用箭一下子射死了九个太阳，只剩下最后一个，身负重伤跌落到人间。刹那间，天地被无尽的黑暗湮灭了。没有了一丝亮光，天地间一片黑暗，就如同失去了希望一样。可是，剩下的一个太阳在哪里呢？其实，太阳原本也是一种鸟，可是它断了翅膀无法飞行，只有借助别人的力量才能回到天上，重新给人类带来光明。百鸟之

王凤凰肩负起了寻找太阳，拯救人类的使命。凤凰历经千辛万苦终于找到最后一个太阳，在它的悉心照料下，太阳的身体渐渐康复。一开始，太阳的翅膀不能活动太久，于是，凤凰每天背着太阳在天空游走，从东往西，日复一日。等太阳完全康复了，凤凰用自己涅槃燃烧产生的巨大力量将太阳送上了天空，光明重现人间。所以，清晨的第一缕曙光照耀的地方就是凤凰涅槃的地方，那是太阳为感激凤凰为它所做一切的回报。后来，人们世代传颂着凤凰涅槃的故事，并将这片土地取名为太阳城，又因"日出曙光先照"将其改名为日照，这就是山东省日照市名称由来的一种传说。因此，凤凰又被称为

| 商周时期太阳神鸟金箔饰 成都金沙遗址博物馆藏 |
温志怀 摄

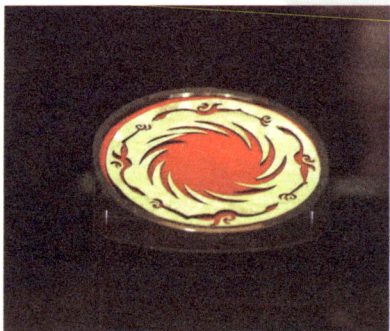

| 新石器时代石家河文化团凤形玉佩 距今约4500年 中国国家博物馆藏 |
刘兆明 摄

| 商代晚期妇好墓出土玉凤 中国国家博物馆藏 |
孟辉 摄

"太阳鸟"。 四川成都金沙遗址出土了一件商周时期的太阳神鸟金箔饰，表现了四鸟引颈伸腿围绕太阳飞翔的场景，反映了古蜀王国对太阳和光明的向往。这件金箔饰便是凤凰的象征，现已成为中国文化遗产的标志。至于河姆渡文化遗址出土的象牙器上为何表现双凤，可能是因为凤凰本身是雌、雄两种鸟。当然，这件象牙器上表现的鸟是否为凤，目前还不宜草率下结论，但将其视为凤鸟纹的雏形是没有问题的。1955年，湖北省天门市石家河镇罗家柏岭遗址出土一件团凤形玉佩，距今约4500年，玉凤形体修长、姿态生动、工艺精湛，与河南安阳殷墟商代妇好墓出土的玉凤有异曲同工之妙，被誉为"中华第一凤"。

目前，学界多倾向于否定历史上存在凤凰这种鸟，但甲骨文、金文表明，直到商周之际，凤凰还是一种虽然罕见，但却并非不存在的鸟类。河南安阳殷墟出土的甲骨上有"凤"字，与"风"字相同，其中一片甲骨的卜辞为"甲寅卜，呼鸣网，获

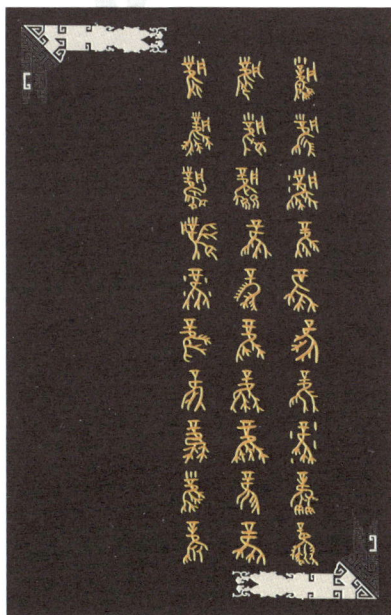

| 甲骨文"凤" |

风。丙辰，获五"。意思是：商王指令臣鸣用网捕鸟，于丙辰这天捕了五只凤。可惜的是，现存的甲骨文中并没有对凤凰形象的具体描写，我们只知道当时有种鸟被称为"凤"。在甲骨文中，"凤"字是象形文字，看上去像一只头顶华冠、身披长羽的鸟，有的翎羽还带有明显的孔眼，看上去像一只华美的孔雀，这应该是基于"凤"的实体形象而形成的象形文字。"凤"字和"风"字相同，凤鸟便是风鸟，古代风神信仰认为，世界上的风是由巨大的鸟扇动翅膀产生的，这种能产生风的鸟就是凤凰，所以，凤凰就是风神。《禽经》有载："凤禽，鸢类。越人谓之风伯。飞翔，则天大风。"因此，凤这种鸟可

能是因为样貌特别，或者具有一定特殊意义而受到当时人的崇拜，因此记录在了卜辞中。

凤凰在古籍中有很多别名，外观习性也不尽相同，其中比较常见的有"五凤"之说，即赤者凤、黄者鹓雏（yuān chú）、青者鸾、紫者鸑鷟（yuè zhuó）、白者鹄（《小学绀珠》卷十）。可见，古代传说中的凤凰并不是单一的一种鸟种，而是泛指一种鸟类，有许多不同的亚种，各种不同的凤凰其形态、颜色都存在差别。《山海经·南山经》中记载，丹穴山上有一种鸟，"其状如鸡，五采而文，名曰凤皇"。可以说，凤的原始形象是鸟，其华美的羽毛是凤凰自雏形至定形一直保持着的典型特

征，在百鸟朝凤故事中将其说成是集合了百鸟羽毛而成，这与古代典籍中对凤凰形象的记载是一致的。《说文解字》载："凤之像也，麟前鹿后，蛇颈鱼尾，龙文龟背，燕颔鸡喙，五色备举。"再如《尔雅·释鸟》郭璞注，凤凰的形体是"鸡头，蛇颈，燕颔，龟背，鱼尾，五彩色。高六尺许。"《宋书·符瑞志》则描述凤凰为"蛇头燕颔，龟背鳖腹，鹤颈鸡喙，鸿前鱼尾，青首骈翼，鹭立而鸳鸯思。"作为一种想象中的动物，凤凰的形象结合了家鸡、鹤、锦鸡、山鸡、翟雉、鹰、燕、孔雀等多种鸟禽和某些游走动物的形貌特征。

在凤凰众多的取材对象中，鸡最值得说道。俗话说"鸡窝里飞出金凤凰""凤

凰落架不如鸡"，这既说明凤凰与鸡有很大区别，同时也说明凤凰和鸡有很多关联。《山海经》中说凤凰的形状像鸡，《说文解字》中说鸡将长喙尖嘴贡献给了凤凰，《尔雅》则直接说凤凰的头来源于鸡。刘向《孝子传》中则写道："舜父夜卧，梦见凤凰，自鸣为鸡。"自然界中鸡的种类很多，属于雉科的鸡很多拥有美丽的羽毛和漂亮的头冠，它们可能是凤凰形象最为直接的来源。比如锦鸡，其漂亮的羽毛可谓"五色备举"，孔雀雉、长尾雉等不仅外表华丽，而且鸣声清脆，都与凤凰有相近之处。战国时期的尹文还讲过一则山雉变凤凰的故事，大意是有个楚国人挑着山雉赶路，

|锦鸡|
付效宜 摄

有个过路人问他挑的是什么鸟，他见过路人不认识，就欺骗过路人说是"凤凰"。过路人说："我听说有凤凰，今天总算见到了，你的凤凰卖吗？"楚人听了忙说："卖呀！"过路人便出价十金，楚人不卖，又加了一倍的价钱，楚人才把"凤凰"卖给他。那过路人买来"凤凰"本想献给楚王，没想到过了一夜它便死掉了。过路人倒不心疼花的钱，只是遗憾不能拿去献给楚王了。这件事很快就传遍全城，人们都以为他买的是一只真凤凰，非常珍贵，才想拿去献给

楚王。消息传到楚王那里，楚王很是感动，便召他来，赐给他比买山雉多十倍的金子。这是一篇赞誉诚心的寓言故事，同时也表明大家都没有见过凤凰，所以李白吟咏道："楚人不识凤，重价求山鸡。"山鸡就是山雉，也许凤凰没人见过，但山雉美丽无比，人们也就把山雉当成凤凰了。至今，家养鸡中的乌鸡还有"黑凤""白凤"之称。在中国传统菜肴中，大凡以"凤凰"为名的，一般都是鸡，如鸡爪被称为"凤爪"，鸡翅被称为"凤翅"，鸡腿被称为"凤腿"等。中药里有一味能"润肺开音止咳"的"凤凰衣"，

其实就是家鸡蛋壳内的干燥卵膜。这些都表明凤凰与人们熟识的鸡之间有着密切联系。

在中国历史发展的长河中，凤的形象并非一成不变，而是不断被赋予新的形象，但不管怎么变化，凤都是一种集众多动物特征于一身的神鸟。可以说，凤的原始形象是鸟，是鸟的神化、美化和理想化。在中华大地上，很多民族和地区都创作出了大量与凤相关的传说故事，凤在众多的传说中扮演了不同的角色，如参与创世、造福众生、昭示德才、象征爱情等。可以说，凤活在每个中国人的心中。

凤凰来仪：
凤是天下太平、政治清明的象征

| 凤凰来仪：凤是天下太平、政治清明的象征 |

宋人欧阳修曾写过这样的诗句："南山有鸣凤，其音和且清。鸣于有道国，出则天下平。"凤凰是人们心目中的瑞鸟，是天下太平的象征，古人认为时逢太平盛世，便有凤凰飞来。有一个故事是这样讲的：

黄帝即位以后，修身养德，施行仁政，所以天下太平。他想亲眼看看传说中的凤凰。为此，他向天老请教，天老回答说："凤凰显形，乃是祥瑞的预兆。如果帝王治理天下有道，能够符合一种凤象，它就会从那里经过；符合两种凤象，它就会在那里盘旋飞舞；符合三种凤象，

它就会落在树上歇息；符合四种凤象，它就会在春秋两季到来；如果与五种凤象相合，那么凤凰就会永远住在那里。"黄帝听后穿好礼服，在宫中备好供凤凰享用的食品。于是，凤凰果然飞来了，并且从此便栖身于黄帝宫殿东园的梧桐树上，以竹为食，不再飞走了。（载于《韩诗外传》）

还有一个故事说，舜在位时任用贤能，天下大治，于是大禹举行庆祝盛典，由夔主持奏乐。琴瑟、钟磬之音响起后，祖先的灵魂降临了，舜帝的宾客也就位了，各方部落首领互相行揖让之

礼，百兽也闻乐起舞。这个时候"箫韶九成，凤凰来仪"。意思是说，箫韶之乐演奏到最后一部分的时候，连凤凰也飞来，随着乐声翩翩起舞（载于《尚书·益稷》《史记·五帝本纪》）。韶乐是上古舜帝所创之乐，是一种集诗、乐、曲、舞为一体的综合型古典音乐，主要由排箫演奏的乐曲被称之为"箫韶"。箫韶乐不仅可以招来凤鸟，而且使圣人孔子在齐国闻后，陶醉得"三月不知肉味"，并赞叹其尽善尽美，可见这种音乐的优美绝伦。演奏韶乐的排箫由若干长短不同的木管或竹管依次排列而成，其形制长短参差，犹如凤凰之翼，所以排箫也被称为"凤箫""凤翼"。迄今为止发现的世界上最早的排箫实物

| 明代仇英绘《孔子圣绩图》之《在齐闻韶图》|

| 战国时期的排箫　湖北省博物馆藏 |

是距今3000年左右的中国西周初期的骨排箫，音管由长至短依次递减排列编结，犹如展开的单凤翼。唐宋以后，排箫逐渐演变成两边管长、中间管短的对称排列形制；到了清代，则改为对称的双凤翼形制。排箫音色空灵悠远，犹如难得一闻的凤鸣。《荀子·解蔽篇》引逸诗曰："凤凰秋秋，其翼若干，其声若箫。有凤有凰，乐帝之心。"凤凰翩翩起舞，它的翅膀像盾牌一样坚实，它的鸣叫声像箫声一样悠扬。

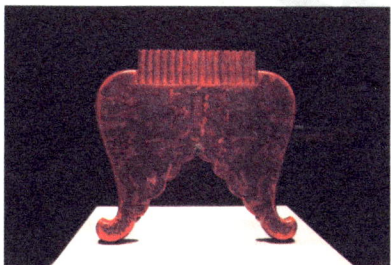

丨清代康熙御制红漆描金云龙纹木椟竹管排箫 北京故宫博物院藏丨
孙桂林 摄

这也就不难理解"箫韶九成"后，"凤凰来仪"的缘由了。"凤凰来仪"的意思就是凤凰来舞、仪表非凡，在古代是吉祥的瑞兆。

上面两个故事讲的都是中国古代的祥瑞思想。祥瑞，又称"瑞应""符瑞""福瑞""祯祥"，通俗来讲就是指吉祥的征兆。古人认为，如果皇帝勤政爱民、以德治国，自然界就会相应地出现一些祥瑞，比如风调雨顺、禾生多穗、地出甘泉、奇禽异兽出现等，以此来表现上天对帝王统治的嘉奖，否则，就会天降灾异以示对皇帝的惩罚。祥瑞的种类很多，大致可以分为嘉瑞、大瑞、上瑞、中瑞和下瑞五个等级。其中，"五灵"（即麒麟、凤凰、龟、龙和白虎）等级最高，有"麟凤五灵，王者之嘉瑞"（杜预《春秋左氏传序》）的说法，凤作为五灵之一，便是最高等级的祥瑞。

古人曾将凤瑞划分为五个等级，以凤凰的五种行止来标识政治上的清明程度。南朝史家沈约编纂的《宋书》首创《符瑞志》，记载了从远古时期到刘宋王朝的诸多祥瑞灵异现象，对凤凰的记载是古文献中最为详尽的。书中讲道："唯凤皇为能究万物，通天祉，象百状，达王道，率五音，成九德，备文武，正下国。故得凤之象，一则过之，二则翔之，三则集之，四则春秋居之，五则终身居之。"意思是说，只有凤凰能够推究万物，通晓上天的福祉，综合各种动物的特征，明达王道，鸣声符合五音，具有九种品德，具备文武资质，匡正天下郡国。凤凰出现的符瑞有五种，一是经过某地，二是在某地飞翔，三是栖息于某地，四是春秋两季居住在某地，五是终身居住在某地。在《宋书·符瑞志》中，还记载了凤凰出现的次数，自汉昭帝始元三年（公元前84年）至南北朝宋孝武帝孝建元年（公元454年），五百多年间共见凤凰一百八十八次。这是真的吗？凤凰本是一种想象之鸟，人们见到的可能是一些长相奇异的鸟，被误以为是凤凰罢了。文献中具体的陈述还有很多，如《礼斗威仪》中说："君乘土而王，其政太平，则凤集于林苑。"《春秋繁露》上也记载："恩及羽虫"则"凤凰翔"。有时候，不仅凤凰出现，它还会带领自己的孩子现世，如东晋升平四年（公元360年）"二月，凤凰将九雏见于丰城（今江西省丰城市）。"（《晋书·穆帝纪》）与龙生九子相对应，古人认为凤凰也育有九雏。所谓"九雏"是指凤凰的九子，然而，九雏的具体名称及形象在书中并未提及，后世经过多种传说和演绎，九雏之说始终没有定论。在九雏之中，孔雀、大鹏、金凤、火凤流传较广，其他诸子的形象及名称并不见于记载。现在网络上多有附会，有说凤凰九子依次为金凤、彩凤、火凤、雪凰、蓝凰、孔雀、大鹏、雷鸟、大风；也有说是孔雀、彤鹤、蓝鸢、雪鸮、紫燕、大鹏、招风、奔雉、百鸣。尽管我们还不能确定凤育九雏的具体所指，但"凤引九雏"早已被后世视为天下太平、社会繁荣的吉兆。那么，凤鸟是怎样成为祥瑞的征兆的呢？

凤鸟出现的历史非常久远，早在史前时期便已出现凤鸟形的器物和装饰，最具代表性的是新石器时代晚期湖北天门石家河遗址出土的凤形玉器。商代甲骨文中已有"凤"字，与"风"字相同，根据甲骨卜辞记载，凤在商族的观念中既是天帝的使者，又是风神，但目前还没发现把凤凰和祥瑞直接联系起来的甲骨文献记载。起源于今陕西境内的周族非常崇拜凤凰，有个流传千古的故事便讲了周的兴起。相传周朝建立之前，在岐山（即今陕西省宝鸡市岐山县）一带有凤凰栖息、鸣叫，人们认为凤凰是因为文王姬昌的德政而来，是周朝兴盛的征兆。周文王在位期间，勤政爱才，善施仁德，周部落在他的统治下国力强盛，为后来武王伐纣建立周朝奠定了坚实的基础。这就是流传千古的"凤鸣岐山"的典故。后世也用凤来比喻周文王，凤鸣岐山就引申为圣主降临、天降祥瑞的意思。这个地方也因为"凤凰鸣于岐，翔于雍"的故事而得名凤翔（即今陕西省宝鸡市凤翔县），此地唐代以后是西府台所在地，人称西府凤翔，如今驰名中外的西凤酒便是因此而得名的。正是由于对凤凰的崇拜，西周时期的器物上出现了大量凤鸟纹装饰。

至迟在春秋战国时期，凤凰已被视为吉祥的瑞鸟，有大量文献记载可以证明，如《诗经·大雅·卷阿》云：

凤凰于飞，翙翙其羽，亦集爰止。蔼蔼王多吉士，维君子使，媚于天子。

凤凰于飞，翙翙其羽，亦傅于天。蔼蔼王多吉人，维君子命，媚于庶人。

凤凰鸣矣，于彼高冈。

｜陕西岐山周公庙"凤鸣岐山"雕塑｜

梧桐生矣，于彼朝阳。菶菶萋萋，雍雍喈喈。

君子之车，既庶且多。君子之马，既闲且驰。矢诗不多，维以遂歌。

在这首诗中，用凤凰比喻周王，用百鸟比喻贤臣，用凤凰展翅高飞、百鸟相随来比喻贤臣对周王的拥戴，以此来歌颂并劝勉周王礼贤下士。因此，后世常用凤凰和鸟的关系来比喻君臣之道，"凤鸣朝阳""百鸟朝凤"则成为太平盛世的象征。

成书于战国和西汉时期，记录大量古代神话的《山海经》则把凤凰视为吉祥的象征，能够为人们带来和平安宁。该书《南山经》中记载丹穴之山"有鸟焉，其状如鸡，五采而文，名曰凤皇，首文曰德，翼文曰义，背文曰礼，膺文曰仁，腹文曰信。是鸟也，饮食自然，自歌自舞，见则天下安宁。"意思是说，丹穴山中生长着一种五彩斑斓的鸟，名字叫凤凰。它头上的花纹是"德"字的形状，翅膀上的花纹是"义"字的形状，背部的花纹呈"礼"字的形状，胸部的花纹是"仁"字的形状，腹部的花纹是"信"字的形状。这种鸟吃喝自在，经常边歌边舞，它一出现天下就会太平安宁。凤凰不仅长得美丽无比，而且集合了德、义、礼、仁、信五种传统美德，成为人们心目中的瑞鸟，是天下太平的象征。但是，春秋战国时期诸侯争霸，弱肉强食，礼崩乐坏，天下大乱，孔子甚至感叹道："凤鸟不至，河不出图，吾已矣夫！"

意思是说，凤凰不出现，河图（圣明的君主）也没有，我对这个时代已经不抱希望了。动乱的时局让孔圣人失望透顶，他所期望的太平两百多年后才出现，那时已经到了汉朝。

汉朝是中国历史上统一时间最长、最强盛的朝代之一，也是祥瑞思想最为繁荣的时期。汉初，董仲舒结合天人感应学说将祥瑞思想打造成了一个完整的理论体系，祥瑞进而成为儒家思想体系的重要组成部分。所谓"天人感应"，是指天意与人事交感相应，天能影响人事、预示灾祥，人的行为也能感应上天。董仲舒在《春秋繁露》中为凤凰等祥瑞的出现开具了许多条件，如果帝王能"举贤良，进茂才，

官得其能，任得其力，赏有功，封有德，出货财，振困乏，正封疆，使四方"，在此基础上，"恩及羽虫"，就会"凤凰翔"；反之，如果帝王"惑于谗邪，内离骨肉，外疏忠臣，至杀世子，诛杀不辜，逐忠臣，以妾为妻，弃法令，妇妾为政，赐予不当"，在此基础上"摘巢探鷇（kòu，初生的小鸟儿），咎及羽虫"，就会"凤凰高翔"。简言之，帝王施行德政，凤凰就会出现，反之，凤凰就会飞走。董仲舒言之凿凿，但实际上他所列举的种种条件与"凤凰翔"之间既不是因果关系，也没有必然联系。凤凰本是幻想中的灵物，和甘露、醴泉等自然界能够见到的事物不同，但他规劝统治者要做圣明的人君，并且要"恩及

羽虫"，这从维护国家统治和保护生态平衡的角度来说是具有正面意义的。

两汉时期，从皇亲国戚到平民百姓，社会各个阶层都把凤凰视为吉祥的象征。对统治天下的皇帝来说，凤凰出现是德政的象征，意味着国泰民安，天下太平。两汉史书中关于凤凰的记载不胜枚举，甚至有帝王因为凤凰降集而改变年号，如汉昭帝"元凤"年号，汉宣帝"五凤"年号，以及王莽篡汉所建立新朝的"天凤"年号。凤凰作为天下太平、政治清明的象征，汉以后仍有不少政权采用凤字年号，如三国时期孙吴政权中孙权"神凤"、孙亮"五凤"、孙浩"凤凰"，西晋农民起义首领张昌"神凤"，东晋

义军领袖李金银、李弘"凤凰"，十六国时期前赵刘渊"永凤"、夏赫连勃勃"凤翔"，隋朝农民起义首领窦建德"五凤"，唐高宗"仪凤"，五代十国时期后梁郢王朱友珪"凤历"、吴越钱镠"凤历"，宋代大理享天帝段智廉"凤历"，元代红巾军起义首领韩林儿"龙凤"，明代洪武年间陕西农民起义首领田九成、王金刚奴"龙凤"等年号。自汉至明，每当有人要登基做皇帝或者改元之时，带有"凤"字的年号就成为比较常用的一个选择，这充分表明凤在政治生活中持久而强大的影响力。在这些凤字年号中，汉代以及受到汉代影响较深的魏晋时期数量最多，这充分表明这一时期祥瑞思想的发达。

在汉代，凤凰祥瑞出现最多的时期主要集中在西汉宣帝和东汉章帝时期。汉宣帝刘询在位二十六年，相继使用了"本始""地节""元康""神爵""五凤""甘露""黄龙"七个年号，其中"神爵""五凤""甘露""黄龙"四个年号均以祥瑞征兆命名，可见祥瑞思想在上层社会的兴盛。东汉学者应劭在解释用"五凤"做年号的原因时说："先者凤凰五至，因以改元云。"除了使用"五凤"年号之外，汉宣帝在其他年号期间也非常重视凤凰祥瑞，据《汉书·宣帝纪》记载，刘询刚当上皇帝不久，就有"凤凰集胶东、千乘"。"集"就是降落、栖止的意思。两年后，又有"凤凰集北海安丘、淳于"；接着，"凤凰集鲁郡，群鸟从之""凤凰集泰山、陈留"，还有"凤凰、甘露降集京师，群鸟从以万数""凤凰集新蔡，群鸟四面行列，皆向凤凰立，以万数"。每当有凤凰出现，宣帝就会颁布诏书大赦天下，赏赐文武百官以及平民百姓，对鳏寡孤独高年者格外开恩，以此营造国泰民安、普天同庆的欢悦气氛。

因此，至迟到汉代，凤凰作为祥瑞征兆，已成为王道仁政的最好体现，是治乱兴衰的晴雨表。除了皇帝以外，地方官吏如果施行仁政，吏治清明，治下民众富足安康，凤凰也会出现。据《汉书·循吏传》记载，黄霸是西汉时期的大臣，历仕武帝、昭帝和宣帝三朝，曾官至丞相。汉武帝后期，为加强中央集权制定了极其严酷的法令，昭帝继位后，仍然严格遵循这些法律制度，以严刑峻法来控制各级官员。于是，一些官吏为了迎合皇上的旨意，将采用严刑峻法作为一种有才能的表现。黄霸于武帝末年捐官出仕，先后担任河南太守丞、扬州刺史、颍川太守等地方官职，他为官清正廉洁、外宽内明，崇尚仁政，反对酷刑，深受百姓爱戴。在他担任颍川太守一职期间，"凤凰神爵数集郡国，颍川尤多"。因此，地方官员如果施行仁政，政绩显赫的话，也会引来凤凰栖息翱翔，这是无可非议的。汉宣帝时期，凤凰曾出现在彭城，民间都认为这是象征圣明天子在朝的祥瑞。宣帝下诏询问侍中宋翁一，宋翁

一认为，凤凰应该出现在京城，现在却远远地降落在彭城，这和没有降落一样，不值得去说道。宣帝却说，天下一家，凤凰降落在彭城和降落在京师没有区别。宣帝命令左右通晓儒家经典的人反驳宋翁一，经过激烈争辩，宋翁一理屈词穷，只好摘下头冠磕头认输（《论衡·验符篇》）。

在汉代，祥瑞思想的影响范围不仅仅局限于上层社会的政治统治，还渗透到了百姓的日常生活之中，比如在门楣刻羊（"羊即祥也"），用这种方式来迎福辟邪，寓意吉祥。凤凰也成为百姓们喜闻乐见的祥瑞，汉墓出土的画像石中有不少表现，大多位于墓门及其附近，表达了人们追求安宁祥和、驱邪

| 沂水韩家曲汉墓门楣凤凰画像　沂水县博物馆藏 |

避害的思想。这种类型的凤瑞虽然在文献记载中非常罕见，但其重要性却不容忽视。就其影响来说，在老百姓的现实生活中，它的影响远比政治性的祥瑞更为广泛、深远。在后世的岁月中，政治性的祥瑞观念略显淡薄，许多儒家宣扬的祥瑞逐渐销声匿迹，但凤鸟作为一种吉祥瑞兽却在人们的日常生活中生根发芽、茁壮成长起来。人们喜欢用凤来比喻爱情和美、生活幸福，用凤来指代圣贤才俊、才子佳人，凤进而成为吉祥、幸福、美好、富贵的象征。

丹凤朝阳：
凤是杰出人才的象征

| 丹凤朝阳：凤是杰出人才的象征 |

今天，人们常用"望子成龙，望女成凤"来形容父母对子女成材的美好期盼，用龙比喻杰出男性，用凤指代杰出女性。凤为百鸟之王，传说中它性情高洁，不是梧桐树不栖息，不是竹子的果实不吃，不是甜美的泉水不喝（《庄子·秋水》："非梧桐不止，非练实不食，非醴泉不饮"）。这些都是一般鸟雀无法比拟的，因此，人们经常用凤来比喻人中精英，这就把凤凰给人格化了。但追本溯源，凤凰最初是用来指代杰出男性而非女性的。

据史书记载，第一个被称作凤的人是春秋时期伟大的思想家孔子。孔子，名丘，字仲尼，是春秋末期鲁国人。他博学多识，不仅开创了私人讲学的风气，而且还是儒家学派的创始人。孔子二十多岁时曾拜访当时在东周朝廷做官的老子，当面聆听老子的教诲，回国后把老子比作龙（《史记·老子列传》），这就是为后人所熟知的"孔子问礼于老子"。也有文献记载说，老子曾赞誉孔子为凤，见于《太平御览》卷九一五所辑古《庄子》佚文：

老子看见孔子带着五位弟子在前面走，就问这几位是谁、有何特点。孔子回答说："子路勇敢、力气大，子贡有智谋，曾子孝顺父母，颜回注重仁义，子张有武功。"老子听后感叹地赞许孔子师表既佳，弟子满堂，说孔子率领着这些贤德的弟子，就像百鸟之王凤凰一样。当然，这段话究竟是实录还是寓言故事，目前还很难说清楚。

另一位将孔子比作凤的是"楚狂"接舆。由于在鲁国难以实现自己的政治抱负，孔子五十五岁时不得不带领自己的学生开始周游列国。为了宣传"仁"与"礼"的主张，他游历了十多个国家，历时十四年，一路上颠沛流离，四处碰壁，受尽冷嘲热讽，不过偶尔也会有知音与他惺惺相惜，楚国隐士陆通就是这样一个人。陆通，字接舆，学识渊博，品德高尚，因楚昭王政令无常，于是披头散发假装疯癫而归隐山林，不去做官，当时人称其为"楚狂"。话说孔子六十三岁那年，在楚国再度受到冷遇，接舆从孔子的车前经过时唱道："凤凰啊凤凰！你的德行怎么衰退

| 东汉晚期孔子见老子画像石拓片　嘉祥县武氏祠文物管理所藏 |

了呢？过去的事情已经无法挽回了，未来的事情还来得及把握。算了吧，算了吧！如今那些从政的人都非常危险！"（《论语·微子》）孔子听了，知道接舆是把自己比作凤凰，以歌讽喻自己，劝自己回国归隐。他知道唱歌的人一定是楚国的高士，连忙下车，想与接舆交谈一番，但接舆不愿再与孔子说什么，很快就走远了。这就是接舆歌凤的典故，同样的故事在《庄子·人间世》中也有类似记载。"楚狂"接舆可以算得上是孔子周游列国途中难得一见的知音！

庞统是三国时期与诸葛亮一起被拜为军师中郎将的人物，一度深受刘备的重视，他还有一个广为人知的称号叫凤雏，这是怎么来的呢？

公元 179 年，庞统生于荆州襄阳（今湖北襄阳），当时正值东汉末年，品评人物的风气非常盛行。庞统小时候为人朴实，看上去并不聪明，但他的叔父——大名士庞德公却对他十分看重，认为他是不同寻常之人。当时，颍川人司马徽为人清高雅正，素有善于识人的名声。庞统二十岁那年慕名前去拜访，见面时，司马徽正在树上采桑，于是庞统就坐在树下跟他交谈起来。没想到，二人越谈越投机，就这样一个在树上，一个在树下，从白天一直谈到黑夜。司马徽觉得庞统非同凡响，诚心诚意地褒扬他是南州首屈一指的人才，没有人可与之相比，并且赞叹："庞德公确实有知人之明，庞统确有与众不同之处。"有了司马徽这句话，庞统渐渐为人所知。从此，庞统的名声逐渐显赫，庞德公将他与诸葛亮、司马徽并列，称诸葛亮为"卧龙"、庞统为"凤雏"、司马徽为"水镜"。司马徽还明言："卧龙凤雏，得其一可以安天下。"意思是说，卧龙、凤雏都是可以辅佐天下的旷世奇才。所谓凤雏，就是小凤凰，言外之意是说庞统不是平凡之辈，随着时间的推移，条件的成熟，他会成为翱翔九天之外的人物，庞统毕生的经历就是对凤雏称谓的有力证明。一开始，庞统本打算侍奉孙权，无奈东吴人才济济，不得已在诸葛亮的推荐下投奔刘备，凭着自己的卓越才干，成为刘备身边仅次于诸葛亮的军师。可惜的

是，在公元214年，庞统率众攻打雒城（今四川德阳广汉一带）时被流矢射中而亡，年仅三十六岁。凤雏早亡，令人扼腕痛惜，罗贯中在《三国演义》中将庞统阵亡的地方命名为"落凤坡"。因此，后世常用凤雏来比喻有才干的青年才俊，比如西晋文学家陆云六岁就能写文章，东吴尚书闵鸿赞叹他"不是龙驹也应当是凤雏"，唐代李商隐还有"桐花万里丹山路，雏凤清于老凤声"的名句流传后世。

传说中凤凰的羽毛美丽而罕见，所以经常被拿来和同样存在于传说中且稀少的麒麟之角一起比喻珍贵而稀罕的人或物，合起来就是"凤毛麟角"。六朝时期，"凤毛"还有一种特殊的用法，

就是用来称赞某人品格、风度、学识像他的父亲。有个有趣的故事是这样说的：谢超宗是南朝刘宋时期著名的文人，他的父亲叫谢凤，父子二人都才华出众，他的祖父则是赫赫有名的谢灵运。孝武帝非常欣赏谢超宗的文才，夸赞他"有凤毛，灵运复出"，意思是称赞谢超宗继承了他父亲谢凤的才华，并且好像他的祖父谢灵运在世一样（《南齐书·谢超宗传》《南史·谢超宗传》均有记载）。说这话时，有个叫刘道隆的将军也在场，他不知道皇帝称赞谢超宗"有凤毛"，是在表扬他的学识才华，还以为谢超宗真的有"凤毛"这种稀罕宝贝。有一天，刘道隆专程登门拜访，说要看谢超宗的"凤毛"。他不知道谢超宗的父亲名"凤"，这样口口声声要看"凤毛"，触犯了谢超宗的家讳，导致谢超宗慌慌张张，来不及穿鞋就躲到屋里不出来了。不学无术的刘道隆不明所以，还傻傻地等在那里，以为谢超宗进屋取"凤毛"去了，结果等到天黑也不见谢超宗出来，只好悻悻地离开了。

可见，唐代以前人们并不轻易以凤喻人，那些被美称为"凤"的只是圣贤或超群拔俗的男性，女性则寥寥无几。然而到了唐代，凤凰喻人被人们使用得自由而随意，凤凰不仅可以用来比喻文人，还可以指代皇帝、宗室，甚至用来指称公主乃至其他身份的人。唐代初年，河东地区（今山西）的薛氏家族涌现出大量文人学士，其中名声最为显赫的当属薛收、薛德音、薛元敬叔侄三人，薛收和薛德音为叔伯兄弟，薛元敬则是薛收和薛德音的堂侄。他们三人文武双全，博学多才，都以才华闻名于世，其中薛收最有名望，世称长离，德音为鸑鷟，元敬年龄最小为鹓雏，时人称之为"河东三凤"。这是什么原因呢？前文说过，凤凰在古籍中有众多别名、类别，外观习性也不尽相同，其中比较常见的有"五凤"，即赤者凤、黄者鹓雏、青者鸾、紫者鸑鷟、白者鹄。长离也是凤的别名，是古代传说中的灵鸟，常用来比喻才德出众之人。鸑鷟则象征坚贞不群的品性，鹓雏用来比喻有才望的年轻人。用"河东三凤"来指称薛收、薛德音、薛元敬叔侄三人，仍是长期以来用凤比喻男性杰出人物的习惯用法。在唐代，凤还可以用来象征女性，比如唐中宗时，因其生日与长宁公主满月重合，李峤写了一首《中宗降诞日长宁公主满月侍宴应制》的诗，里面有两句云："神龙见像日，仙凤养雏年。"这是以神龙比喻中宗，以仙凤比喻公主。在卢储《催妆》诗中，有"今日幸为秦晋会，早教鸾凤下妆楼"的诗句，用鸾凤来喻指新娘。李商隐在《燕台》诗中云："雄龙雌凤杳何许，絮乱丝繁天亦迷。"进而把龙凤与雄雌搭配起来。实际上，龙凤最初并没有性别上的分工，龙和凤都可以用来形容杰出的男性。按照古代阴阳家的观点，凤是火精，属阳，指雄性，另有雌鸟称为皇鸟，所以，用凤来指称男性是天经地义的。

凤从最开始代表男性到最后象征女性，经过了一千多年的历程，其间，秦始皇和武则天对这个转变过程起了关键作用。首先是秦始皇，他曾让妃嫔们头戴凤钗，脚穿凤头鞋，第一次把凤与女性服饰联系起来。后来很长一段时间，凤钗都是贵族女性特有的装扮，唐代之后影响到民间。唐代诗人王建曾写了一首名为《失钗怨》的诗："贫女铜钗惜于玉，失却来寻一日哭。嫁时女伴与作妆，头戴此钗如凤凰。"意思是说，贫家女子出嫁备不起金银首饰，女伴们送她一支铜凤钗以示喜庆和风光，却不料拜堂之后铜钗丢失，她遍寻无着，非常伤心。可见，凤钗已从宫廷普及到了民间。另一个促使凤象征女性的人是武则天。传说她小时候，乳母给她穿了男孩子的衣服让相面先生袁天纲看相，袁天纲大吃一惊说："此郎君子龙睛凤颈，贵人之极也。"还说，可惜是个男的，如果是个女的，将来要做天下之主。可见，在当时人的心目中，龙、凤都是男性的象征。后来，唐高宗身患风疾，武则天借"凤鸟见于宛丘"之瑞，改年号为"仪凤"。高宗死后，她把中书省改称凤阁，门下省改称鸾台，后来又借"凤皇自明堂飞入上阳宫，还集左台梧桐之上"的凤瑞登基，成为中国历史上第一个女皇帝。

不过虽然武则天煞费苦心地要将凤凰和自己联系起来，但当时人们还是习惯把凤和男性相联系。

到了宋代，龙凤两性分化的趋势逐渐明显，比如在舆服制度上，皇帝所坐的车舆以龙饰为主，皇后的车舆则以凤饰为主，但还不固定。明清时期，龙凤的两性分化基本固定下来，皇帝以真龙天子自居，母仪天下的皇后以及妃嫔们则用凤来指代，其中龙为主，凤为从。

| 明孝靖皇后三龙二凤冠　北京故宫博物院藏 |
光影剑客 摄

因此，皇帝的身体称为"龙体"，而皇后、太后的身体则称为"凤体"，与此相对应，后妃的冠饰称"凤冠"，皇后坐的椅子称为"凤椅"，皇后乘坐的车舆称为"凤辇"，皇后掌管的玺印称为"凤印"。在《红楼梦》中，贾府为迎接元春省亲修建了省亲别墅大观园，其中第一个庭院宝玉将其命名为"有凤来仪"。元春十几岁时入宫做女史，二十三四岁时加封贤德妃，二十四五岁时回娘家省亲，"有凤来仪"的景致便暗示了元春尊贵的身份。清末，慈禧太后掌权，她对龙主凤从、龙上凤下的传统观念颇为不悦，于是想了个折中的办法，即龙凤并举。于是，清宫苑囿中就出现了一些被称作"龙凤呈祥"

的景致，比如颐和园仁寿殿前的露台上陈列着铜龙和铜凤，它们的实际用途是香炉，其腹内点燃檀香时，龙凤口中会冒出袅袅香烟，慈禧太后就是在这缭绕不绝的香气中接受群臣的朝拜，进行她的"垂帘听政"的。关于龙、凤的位置，一般习惯龙居中，凤靠边儿，但在这里龙凤位置颠倒，是凤居中，龙靠边儿，这应该是慈禧老佛爷的别出心裁了。龙凤对比中，突出凤的地位可以说是慈禧一生的追求。位于河北唐山的定东陵是慈禧和慈安的陵寝，两陵均位于咸丰帝定陵之东，是咸丰帝定陵的附属陵墓。在清东陵的所有陵寝建筑中，尤以慈禧陵最为华丽，陵内丹陛石（又称陛阶石，是古代宫殿门前台阶中

间镶嵌的长方形大石头）雕刻的图案均是"凤在上，龙在下"，龙翔凤舞，凤引龙追，神态生动。隆恩殿周围的汉白玉望柱和栏杆也雕满了"凤引龙追"的图案，尤其是望柱雕刻图案打破了历史上一龙一凤的格式，均为"一凤压两龙"，暗示慈禧的两度垂帘。伴随着凤的女性化，民间也常用凤来形容女性的美貌温柔，"凤"便成为女性取名时常用的字，比如《红楼梦》中凤姐儿的大名就叫王熙凤。在民间，尤其喜欢以"凤"字给女孩儿命名，比如彩凤、金凤、玉凤、天凤等，男性用凤的非常少。但尽管如此，官宦人家和书香门第给男孩儿取名时仍然看重"凤"字的古义，因此，明清以来名字里带凤字的男

| 颐和园仁寿殿铜龙铜凤 |
热风摄影 摄

性仍然不在少数，如明代戏曲作家张凤翼、清代诗人杨凤苞等。

直至今天，人们仍在使用的许多"凤语典故"都与昭示德才相关，比如以"凤德"比人之盛德，以"凤穴"喻文才荟萃之所，以"凤藻"言美丽的文辞，以"凤举"颂高尚的举止，以"鸣凤"

| 慈禧陵寝殿丹陛石雕刻 |
张勇 摄

喻风骨、文采俱备，以"丹凤朝阳"比喻贤才得天时，以"打凤捞龙"喻寻找、物色难得的人才等。而"成龙成凤""鸡窝里飞出金凤凰"，就更是人们祝词赞语中常引用的话了。

凤凰于飞：凤是爱情和美、生活幸福的象征

凤凰于飞：凤是爱情和美、生活幸福的象征

凤凰，凤凰，凤为雄，凰为雌。在《诗经》中有"凤凰于飞，翙翙其羽"的诗句，通过描绘凤与凰在空中比翼齐飞的美好场景，歌颂并劝勉周王礼贤下士。后来，常用"凤凰于飞"比喻夫妻恩爱，像凤与凰一样在空中相偕而飞。也因此，凤凰成了忠贞爱情的象征。"凤凰于飞"也可写作"凤凰于蜚"，人们常将其用作婚礼的祝词，祝福新婚之人生活幸福美满。这里还有个典故：春秋战国时期，妫氏陈国发生宫廷内乱，身为大夫的公子陈完（字敬仲）到齐国避难，受到齐桓公的热情款待。为

了感恩答谢，陈完改姓"田"。齐国有位大夫懿仲想把自己的女儿嫁给他。当时，在贵族中流行婚前先行占卜的风气，懿仲的妻子占卜时得到"吉"卦，卦辞说："凤凰于蜚，和鸣锵锵。有妫之后，将育于姜。五世其昌，并于正卿。八世之后，莫之于京。"（《左传·庄公二十二年》）"和鸣锵锵"是指凤与凰声音相和，鸣声嘹亮，在此言夫妻必能和洽，后世强大无比。后来卦辞应验，陈完八世之后富贵无比，传九世至田和而代齐，这就是历史上有名的"田氏代齐"。此后，"凤凰于飞""和鸣锵锵""五

世其昌"都成了新婚祝吉的贺词，而其中"凤凰于飞"最为形象，便化作吉祥图案，名为"鸾凤和鸣"，寓意夫妻恩爱、家庭和睦、子孙繁盛、家业兴旺。

西汉辞赋大家司马相如和卓文君之间的爱情故事历来被人们传为美谈，实际上，司马相如正是凭借一曲情意绵绵的《凤求凰》打动了卓文君的芳心。司马相如是四川成都人，他多才多艺，尤其擅长辞赋创作，所写辞赋深得汉武帝赏识，除此之外，

他还擅长击剑，并且弹得一手好琴。司马相如年轻时，家境贫寒，仕途不顺，也没有可以自立的职业。有一年，他应邀到临邛（今四川邛崃）做客，当地有个叫卓王孙的富商举办了盛大的宴会，司马相如以贵宾的身份应邀参加。富商的女儿卓文君才貌双全，精通音律，可惜年仅十七岁便在娘家守寡。席间，司马相如弹奏了一曲《凤求凰》的乐曲表达爱慕之情："凤兮凤兮归故乡，遨游四海求其凰……"这让久慕司

| 四川临邛古城文君故居《凤求凰》石碑 |

马相如之才的卓文君一听倾心。凭着自己对爱情的憧憬以及非凡的勇气，卓文君毅然在深夜逃离卓府，与深爱的人私奔。尽管两人后来有"闻君有两意，故来相决绝"的插曲，最终还是成就了"凰兮凰兮从我栖，得托孳尾永为妃"的佳缘。后来，人们常用凤求凰来比喻男子追求女子，也象征着对美满幸福姻缘的向往和歌颂，而《凤求凰》的琴曲也流传至今。

与《凤求凰》形成鲜明对照的是《钗头凤》。"钗头凤"是一个词牌名，因宋代无名氏"都如梦，何曾共，可怜孤似钗头凤"的词句得名。钗头凤是钗头做成凤鸟形的一种首饰，妇女盘发时通常只用一支，并没有钗头凰来配，因此用凤与凰这对

爱情鸟的分离来比喻夫妻离别。这一词牌的代表作以宋代大文学家陆游的《钗头凤》最为出名，讲述的是陆游与前妻唐婉之间荡气回肠的爱情悲剧：陆游和唐婉本是一对恩爱夫妻，迫于母命，二人离异，后来各自婚娶。几年后的一个春日，陆游与唐婉邂逅于绍兴城南禹迹寺附近的沈园，唐婉以酒肴款待，陆游万分感伤，随即在园壁上题下一阕《钗头凤》，哀述自己与唐婉的爱情之悲：

红酥手，黄縢酒，满城春色宫墙柳。东风恶，欢情

｜明代累丝金凤簪 江西省博物馆藏｜
光影剑客 摄

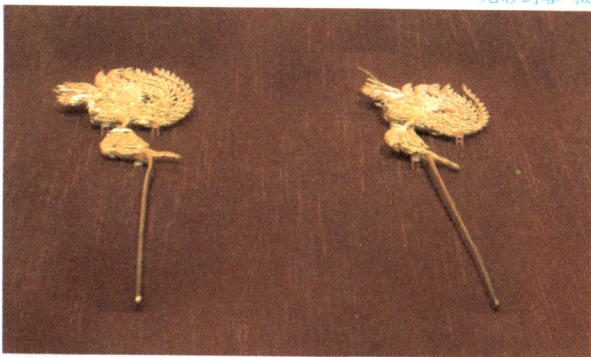

| 江苏绍兴沈园
《钗头凤》碑刻 |
刘燕生 摄

薄，一怀愁绪，几年离索。错、错、错！春如旧，人空瘦，泪痕红浥鲛绡透。桃花落，闲池阁，山盟虽在，锦书难托。莫、莫、莫！

唐婉看后百感交集，含泪和词一首：

世情薄，人情恶，雨送黄昏花易落。晓风干，泪痕残，欲笺心事，独语斜阑。难、难、难！人成各，今非昨，病魂常似秋千索。角声寒，夜阑珊，怕人寻问，咽泪装欢。瞒、瞒、瞒！

在这之后不久，唐婉便郁郁而终。可见，凤凰同鸳鸯一样，讲的是双双对对的爱情。

秦汉时期，凤凰还被赋予了引人升天的神性，人们常用来形容夫妻和美的"神仙眷侣"一词，便源于一个关于凤凰的美丽传说。据西汉刘向《列仙传》记载：春秋时期，有个叫萧史的年轻人非常善于吹箫，他吹奏出的箫声能把孔雀、白鹤引到庭院中来。当时，秦穆公有个女儿名叫弄玉，也十分喜欢吹箫，于是秦穆公就把她嫁给了萧史。从此，萧史每天教弄玉吹奏凤鸣之声。这样过了几年，弄玉吹出的箫声就和真凤凰的鸣叫声非常相似了，凤凰听到箫声，飞来栖息在他们的屋顶上。穆公就专门为他们建造了一座高台，取名为凤台。萧史夫妇就住在凤台上，一住就是好几年。有一天，弄玉和萧史乘鸾跨凤，升空飞去。为此，秦国人替弄玉在雍宫内建造了一座祠堂，取名为凤女祠，据说还时时能听到箫声在祠内回荡。在这个故事中，萧史弄玉以箫为媒，以音乐为共同追求，可谓志同道合。他们情投意合，至情至爱，最终感化天地，升天成仙，可谓神仙眷侣。因此，"神仙眷侣"一词便被用来比喻爱情和美、婚姻幸福。而萧史弄玉的故事也世代相传，产生了许多不同的版本，其中一个版本在结尾讲道：萧史乘龙，弄玉跨凤，龙凤双飞，二人升空而去。后来，人们为了纪念弄玉和萧史之间的爱情故事，就用"龙凤呈祥"来形容夫妻间比翼双

飞、恩爱相随、相濡以沫、白头偕老的忠贞爱情。据说，"吹箫引凤"的传说故事就发生在今天陕西省宝鸡市陈仓区磻溪镇凤鸣村，村南有一道巍峨的冈峦，名为"凤凰台"，台巅有古井，被称为"饮凤池"，井旁的古楼遗址则名为"凤女楼"。

实际上，尽管凤凰也分雄雌，但更常见的是将其视作阴性，用以对应女性；将龙视作阳性，用以对应男性，

| 明代仇英绘《吹箫引凤图》局部 |

男女婚配则称之为"龙凤呈祥"。龙为鳞虫之长，凤为百鸟之王，龙与凤的组合是一种高贵的组合，象征着门当户对的婚姻。实际上龙凤配，最初只是古人阴阳观的体现，和爱情没什么关系。龙喜水，凤喜火，一水一火，一阴一阳，龙左凤右，阴阳和谐。在远古时期，凤的地位甚至高于龙，楚国漆器和织绣工艺作品中常见到龙凤相斗的画面，表现展翅飞翔的凤鸟追喙龙的场景，反映了楚人崇拜鸣凤、向往安详的意识。然而，大概从秦汉起，龙、凤就变得不再平等了。君主帝王们常以"真龙天子"自居，如秦始皇称"祖龙"，王莽要"当仙成龙"，汉光武帝"梦赤龙"等。既然帝王们称龙比龙，后宫的

娘娘们也开始自比为凤，以凑成一对龙凤配。这样一来，本是阴阳之意的龙凤就趋于雌雄化了，"龙凤呈祥"这个词就开始被用来形容夫妻间相濡以沫、百年好合的忠贞爱情。现在，龙凤呈祥已成为富贵吉祥的象征，常用于婚庆用品如结婚证书、喜帖、剪纸和服饰之上，寓意婚姻美满、吉祥福瑞。由此

| 龙凤呈祥 |

梁磊 摄

可见，无论凤求凰，还是龙凤配，都是老百姓赋予它们的感情，最终都是为了一个美好的寓意。

正是由于这些美丽动人的传说故事，凤凰才化身为爱情之鸟被世代文人墨客吟咏歌颂。如以"凤凰曲"写相思——"江南弄，巫山连楚梦……遥相思，草徒绿，为听双飞凤凰曲"（王勃《江南弄》）；以"卜凤凰""凤凰飞"赞婚姻美满——"姬姜本来舅甥国，卜筮俱道凤凰飞"（张说《安乐郡主花烛行》），等等。也正是因为这些传说故事，在中国传统装饰艺术史上出现了"鸾凤和鸣""吹箫引凤""龙凤呈祥"等一系列寓意吉祥幸福的图案，以凤凰做装饰的物品也成为男女爱情的寄

|唐代双凤衔绶镜 陕西历史博物馆藏|

光影剑客 摄

托之物。在唐代，铜镜上便出现了凤嘴衔有"同心结"的装饰图案，以此象征爱情美满以及夫妻之间同心相爱。北宋时期，流行以赠送凤钗来定情的习俗，凤钗是妇女的一种首饰，《中华古今注》云："始皇又金银作凤头，以玳瑁为脚，号曰凤钗。"凤钗原为宫廷嫔妃的首饰，后在民间广为流行。男女订婚，女方多以凤钗赠予男方，以表示对爱情的忠贞，终生不改其志。到了明代，凤冠、霞帔除了被当

作皇帝后妃、宫廷命妇受册封、谒庙、朝会时的礼服外，平民女子出嫁时也可以穿戴凤冠霞帔以示喜庆。于是，穿凤衣、戴凤冠成为新娘出嫁时的礼服，所谓凤衣凤冠就是绣有凤凰图案和彩饰的

|绒花凤冠 南京民俗博物馆藏|
周振宇 摄

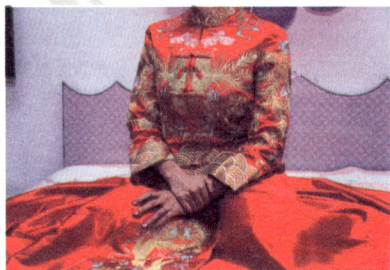

|中式婚礼服饰|
薛锡元 摄

衣、冠，象征爱情和美、吉祥富贵。直到现代，人们仍把凤凰视为爱情的象征，结婚时点龙凤花烛，剪贴凤形图案、置办凤凰图案的生活用品等。

凤凰是传说中的瑞鸟，能够给人们带来吉祥和幸福，在广大老百姓心目中，凤凰早就成为爱情和美、婚姻美满、生活幸福的象征。也正因如此，凤凰的形象不再神秘，凤鸟图案成为一种清新、生动、活泼的艺术形象，并逐渐发展成为中华民族传统装饰艺术的代表和象征之一。

凤舞艺苑：
历史长河中的凤凰艺术

| 凤舞艺苑：历史长河中的凤凰艺术 |

凤凰是人们想象出来的一种灵禽，尽管现在并没有它在现实世界存在的证据，却一直是中国古代先民崇拜的对象。它是百鸟之王，美丽异常；它的出现，可以预兆天下太平，给人们带来幸福和吉祥。因此，人们在衣、食、住、行、用各个方面，都喜欢用凤鸟做装饰。可以说，人们心目中的凤形象主要来源于丰富多彩的艺术表现。然而，由于凤鸟是并不存在的虚拟生物，人们在塑造或描绘它时难免会出现各种变异。下面，就让我们沿着时间长河来欣赏一下与凤有关的艺术作品吧。

远古时期，受生产力水平和认识能力所限，鸟崇拜的现象非常普遍，凤很早就被先民们视为神鸟加以崇拜。在古史传说中的三皇五帝时期，除黄帝、颛顼和尧崇拜龙之外，少皞、帝喾和舜帝都崇拜凤。在先民的心目中，凤鸟是掌管季风、执掌鸟侯立法的神鸟，还是传达天帝号令的神鸟。今天，在大江南北都发现了不少以鸟为装饰或主题的古代器物，但与后世凤鸟形象一脉相承的例子比较少。

从出土的甲骨文来看，直到商代人们仍然把凤视为风神和天帝的使者。周克殷后，伴随着人类对自然认识水平的提高，人们已不再把凤视为天帝的使者，凤的神性逐渐消退。商周时期的青铜器、玉器上有不少凤鸟的形象，均为侧面，头上有花冠，翅膀丰满，尾羽较长，整体风格古拙抽象。这一时期凤凰被视作神鸟，体现统治者的"天命"观念。春秋战国时期礼崩乐坏，凤已成为"羽虫之长"（《大戴礼记》），并且与麒麟、龟、龙并举，称为"四灵"（《礼记·礼运》）。凤凰形象在活泼秀丽、自由奔放中带有

| 战国彩绘对凤纹漆耳杯 荆州博物馆藏 |

孟辉 摄

神秘感，这在楚国漆器和织绣工艺中有大量表现，反映了楚人崇拜鸣凤、向往安详的意识。

至汉代，凤凰完全被神化成一种灵异之鸟，它的出现能给国家带来太平和安宁，同时也能给人们带来吉祥。很多人将汉代盛行的"四神"（也称为"天之四灵"，即青龙、白虎、朱雀、玄武）之一的朱雀视为凤凰，其实二者并不相同。朱雀也称"朱鸟"，是代表南方的神兽，来源于

| 东周凤鸟纹盉 陕西省韩城梁带村遗址博物馆藏 |

光影剑客 摄

｜南朝凤凰画像砖 中国国家博物馆藏｜
刘兆明 摄

古代的星宿信仰，是天上的星宿，而凤鸟则是百鸟之王，属于"礼记四灵"，是地面上比较罕见的生物。汉代画像石中的凤凰通常是挺胸展翅、高视阔步、头冠高扬的形象，雄浑大气，富于动感。魏晋南北朝时期，佛教的盛

｜西汉五凤镂空熏炉 河南博物院藏｜

行给凤凰形象注入了新的元素，花草、云气纹样的加入使凤凰形象更加灵动。

唐代是中国历史上最为辉煌的一个王朝，凤凰文化也灿烂一时。凤凰作为吉祥、幸福和美好的象征广泛活跃在人们的思想和生活领域。大到皇家建筑，小到女性的装饰品，各个领域都出现了以凤凰为主题的装饰纹样。唐代凤凰形象华美丰满，生意盎然，姿态多变，在内容上更加富于生活情趣，出现了"凤穿牡丹""鸾凤和鸣"

等吉祥纹样，对后世影响深远。"凤穿牡丹"也称"凤戏牡丹""凤喜牡丹""牡丹引凤"，是以凤凰和牡丹为主题的纹样。在古代传说故事中，凤为鸟中之王，而牡丹为花中之王，寓意富贵，

凤与牡丹相结合，便象征着祥瑞、美好、富贵和幸福。在唐代，铜镜上还出现了"王子乔吹笙引凤"的装饰纹样，表现春秋时期周灵王之子王子乔修仙的传说故事，不管哪种构图，都有吹笙之人和展翅飞翔的凤。吹笙之人便是王子乔，他喜欢音律，善于吹笙，吹奏出来的声音酷似凤凰鸣叫，仿佛能把凤凰引来，后来经过艰苦修炼终于得道成仙。唐代道教盛行，

| 唐代王子乔吹笙引凤纹铜镜 陕西历史博物馆藏 |

王子乔修仙的故事深受唐人喜爱，许多修身炼道之人时常幻想着与仙人王子乔同游太清仙境，因此，王子乔吹笙引凤镜在唐代非常流行，之后便不见了。

与唐代富丽堂皇的凤凰形象不同，宋代凤纹清秀细腻，多用于表达吉庆祥和的美好寓意，"凤戏牡丹""凤凰于飞""喜相逢"等吉祥图案流行开来。"喜相逢"是中国传统的吉祥纹样，通常在圆形框架内表现成双成对的图案，比如一对鹦鹉、一双蝴蝶、两条鱼、两朵荷花，营造一种既对立又统一的和谐之美。在宋代，用凤凰形象表现的"喜相逢"图案，通常是凤凰对舞成团花状，其中一只头上有冠状饰，被判定为凤，而另一只头上

| 元代景德镇窑青花凤穿牡丹纹执壶 北京故宫博物院藏 |

| 元代景德镇窑青花凤首扁壶 首都博物馆藏 |

孟辉 摄

没有装饰，被判定为凰，于是便有了"凤凰于飞"——象征夫妻和谐、生活幸福之意。唐代以后，由于瓷器工艺的发达，凤纹有了更加广阔的发展天地，瓷器上出现了大量凤纹佳作，如元代景德镇窑青花凤首扁壶、凤穿

牡丹纹执壶等。与之前的凤纹相比，宋元凤纹特别重视对凤翼的装饰，形成了阔大、开张、层次丰富的特点。

明清是凤凰图案的成熟期，凤纹的细部刻画更加具体，追求吉祥如意的寓意也更为普遍。凤凰的形象逐渐定型，创作者们甚至总结出很多画凤口诀，比如"凤有三长——眼长、腿长、尾长"，并要"首如锦鸡、冠似如意、头如腾云、翅如仙鹤"等，凤凰的姿态也分立凤、坐凤、卧凤、平飞凤、下飞凤、团凤等。这一时期，不论圆形、方形，还是其他形状，凤纹都能巧妙地融入其中。其中，尤以服饰、器物上经常出现的"团凤"图案最为独特，凤鸟以及花卉、祥云等配

饰盘屈婉转成圆形，构图紧凑细腻，线条自然流畅，给人生动巧妙之感。明清时期，统治者注重以龙比帝王，以凤比后妃，凤成为女性最高地位的象征，因此，宫廷中的凤凰图案大多加入了装饰性很强的花冠、羽毛及绶带，显得雍容华贵。而"龙凤呈祥""龙飞凤舞"也成为备受喜爱的装饰图案，通常龙、凤各居一半。龙是升龙，张口旋身，回首望凤；凤是翔凤，展翅翘尾，举目眺龙。周围祥云朵朵，一派祥和之气。在民间，凤凰图案的运用更加广泛，在木雕、石雕、砖雕、剪纸以及刺绣、挑花、蓝印花布等作品中都有凤的身影，相比于皇宫大内，民间凤凰图案的表现手法更为丰富多样，

| 明代景德镇窑青花双凤纹盘 上海博物馆藏 |

| 山西乔家大院凤凰砖雕 |

形象上也更富有生气。

这一时期，非常值得一提的是起源于明初的凤阳（今安徽省滁州市凤阳县）凤画，它多以凤凰为主题，象征吉祥、幸福，一般绘制成中堂形式，于春节时张挂。相传朱元璋当上皇帝后，受"帝为阳凤"之说的影响，将他的家乡濠州改名为凤阳府，并下令在凤阳建造中都城。建成后不久，天边飞来一只五彩凤凰，金光闪闪，祥云缭绕，鸣叫数声后在皇城上空翱翔一圈，便落到了城南朱元璋父母的坟丘之

上。当时，全城百姓扶老携幼争相观看，人群中有位号称"神笔张"的画师将凤凰的模样画了下来，凤阳凤画便由此而生。

经过历代艺人的不断创造，凤阳凤画逐渐形成一套独特的造型艺术风格：蛇头、龟背、九尾、十八翅、鹰嘴、鹤腿、鸡爪、如意冠，聚集了百鸟之长。流传至今的主要有丹凤朝阳、百鸟朝凤、带子还巢（朝）、五凤图、百鸟献寿等。凤阳凤画以其吉祥、富贵、幸福、和谐的

寓意，以及雅俗共赏的装饰性被当地群众所喜爱，至今仍流传不衰。

纵观凤凰艺术的发展历程，我们会清楚地发现，凤凰虽是人们想象出来的一种神鸟，但在历史发展的长河中，历代的艺术家们展开想象的翅膀，不断地集中和概括现实生活中多种禽兽的局部特征，创造出了各式各样、多姿多彩的凤鸟形象。它们或神秘古拙，或自由奔放，或雄浑潇洒，或富丽华美，或隽秀雅致，反映了不同时代的精神风貌，也体现了我们的祖先对美的执着追求。在凤凰艺术的演变过程中，凤的神性逐渐减弱，其吉祥福瑞的寓意愈来愈凸显，充分表达了人们对美好生活的向往和追求。

寻凤觅凰：凤在当今社会的踪迹

| 寻凤觅凰：凤在当今社会的踪迹 |

在中国文化中，凤凰是美丽的百鸟之王，象征着吉祥、尊贵、幸福、和美，是中华民族传统文化的象征。古往今来，人们出于对美好事物的向往和追求，经常把一些山川、河流、建筑、城邑以"凤凰"命名，比如凤凰山、凤栖原、凤凰台、凤凰泉、凤凰池、凤羽河、凤凰楼、凤仪亭、凤凰桥、凤凰城等。据统计，中华大地以"凤凰"命名的山就接近五十座，分布在大江南北，这些美好名称的由来，有的是因古代神话、民间传说而得名，比如宁夏隆德县境内的凤凰山。在传说故事中，

生活穷困的春生、秋姑兄妹，大年三十救助了一位沿门乞讨的老婆婆。第二天告别时，老婆婆将一幅白绫送给秋姑，绫上淡淡地描绘着一只凤凰。于是，秋姑夜以继日地绣了一百天，终于将凤凰绣成。兄妹俩高兴地将这幅凤凰图挂在屋子里。当夜，凤凰从绫上下来，在屋中走了走，又回到绫上，却留下一颗金蛋。兄妹俩卖掉金蛋，买了田地、耕牛，生活状况从此好转。贪婪的县官知道了这件事，就派衙役将凤凰图强行抢走。当夜，县官单等捡拾金蛋，却被凤凰啄瞎了一只眼睛。衙役闻

声赶来，凤凰已越窗而出，飞向春生、秋姑家中，驮起兄妹俩，在天上盘旋了三圈，最后落到一座山上。原来这座山是光秃的，自从落了凤凰，一下子变得郁郁葱葱。从此，这里的人们就过上了好日子，这座山也就被称作"凤凰山"。有的则以形似凤凰而得名，比如四川万县的凤山，崇冈绝壁，其形如凤；而美丽又神秘的湘西凤凰古城，其名字的由来也是因为城外一座神似展翅高飞的凤凰的山而得名的。

| 西安清真大寺凤凰亭 |

光影剑客 摄

华夏大地，以凤命名的传统建筑也不在少数，凤凰与建筑的结合，有的因其造型像凤凰而得名，比如西安化觉巷清真大寺中的"凤凰亭"，其主亭六角形，飞檐尖顶，形若凤头；两座边亭为三角形，檐牙双翘，三亭相连，形似凤凰展翅，因此得名凤凰亭。有的则流传着有关凤凰的传说，比如广东北江飞霞仙观后山的凤凰楼，相传飞霞洞初辟之时，山中时有猛虎为患，人们便在此地建造伏虎玄坛庙。动工后常有五色彩鸟盘旋不去，楼建成后，虎患立绝。于是，人们便将这座庙更名为"凤凰楼"。有的建筑既有凤凰之造型，又流传着与凤凰相关的传说，比如坐落在湖北武汉

黄陂区鲁台山上的双凤亭，占地三十六平方米，是为纪念北宋著名理学家程颢、程颐而建，后几经坍塌修复重建。此亭本是二程幼年时尊崇鲁国孔子，筑台东望读书之处，原名"望鲁台"或"鲁台"。南宋时，因传说程母梦见双凤投怀而相继生下兄弟二人，故更名为"双凤亭"，恰与"麟吐玉书而降孔子"的曲阜孔庙遥相呼应。现存的双凤亭为清道光二十八年（公元1848年）重建，重檐三层，六角攒顶，青瓦朱檐，檐角若凤翼飞展。亭中立碑，石额上刻双凤朝阳及人物故事，生动传神。此外，中国传统建筑的屋脊上，一般都会装饰数目不等的小动物，这些小动物一般称为屋脊走兽、

檐角走兽或仙人走兽，唐宋时期只有一枚兽头，以后逐渐增加了数目不等的蹲兽，到了清代，形成了今天常见的以"仙人骑凤"为首的走兽队列。为什么会用仙人骑凤呢？相传齐国国君齐湣王在一次作战中失败，来到一条大河岸边，走投无路，眼看后边追兵就要到了，危急之中，突然，一只大鸟（凤凰）飞到他面前，齐湣王急忙骑上大鸟渡过大河，

逢凶化吉。古人将其置于建筑脊端，也表示骑凤飞行，逢凶化吉，遇难成祥。受此影响，全国各地许多新建的居民住宅区也喜欢用"凤凰城""凤凰苑""凤栖苑"等含有凤凰字眼的名字来命名，寓意吉祥美好、生活幸福。

大自然中还有很多以凤命名的植物，如凤树、凤凰松、凤凰柏、凤凰杉、凤尾竹、凤仙花、凤尾兰等，它们大多因形态似凤而得名，

| 凤尾竹 |

有的还有美丽的传说故事。比如凤尾竹，又名"凤凰竹"，主要分布于我国华南、西南地区，多生长于山谷间、河道水旁，喜欢温暖湿润的环境。凤尾竹枝叶秀丽潇洒，形态绰约多姿，犹如美丽的凤凰之尾，故名凤尾竹。有一则关于凤尾竹的传说故事是这样说的：很久以前，大家口口相传，谁要是能得到凤凰的一根羽毛，谁就能变得和凤凰一样美丽。一棵绿竹知道后，就央求一只小鹰帮它去凤凰那儿求取一根羽毛。小鹰答应后，飞过九座高山，越过九条大河，终于见到了凤凰。凤凰为其真诚所动，真的托小鹰给绿竹带来了一根美丽的羽毛。绿竹高兴极了，不禁拿着羽毛手舞足蹈起来。突然，一道霞

光闪过，绿竹长高了，枝叶变细了，那青绿色的茎弯曲下垂了，真的像漂亮的凤尾了。从此以后，人们就把这种四季常青、体态潇洒的绿竹叫作"凤尾竹"（据《傣家情声：月光下的凤尾竹》）。在这则传说故事中，绿竹对美的向往，小鹰的不辞辛劳，凤凰的成竹之美，都写得活灵活现。

还有一种树，在街头巷尾均能见到，它有自己的本名，只因与凤凰有特殊的因缘而得名"引凤树"，即梧桐树。梧桐又名青桐、碧梧、青玉、庭梧，是我国有诗文记载最早的著名树种之一。梧桐树喜光向阳，高大挺拔，叶大优美，有"树中之王"的美誉，相传梧桐树还是灵树，能知时知令，

所以自古就很被看重。过去的殷实之家常在庭院里栽种梧桐，不只因为梧桐树有气势，还因为梧桐在中国文化中早已成为祥瑞的象征。《闻见录》云："梧桐百鸟不敢栖，止避凤凰也。"而作为百鸟之王的凤凰，身怀宇宙，非梧桐不栖。鸟中之王与树中之王结合在一起，便是凤栖梧桐了，凤凰择树而栖，也比喻贤才择

主而侍。《诗经·大雅·卷阿》首次以诗句的形式将凤凰与梧桐联系在一起："凤凰鸣矣，于彼高冈。梧桐生矣，于彼朝阳。萋萋萋萋，雍雍喈喈。"茂盛的梧桐树，引得凤凰啼鸣。《庄子·秋水》则说，凤凰（鹓鶵）"发于南海而飞于北海，非梧桐不止"，意思是说凤凰从南海飞到北海，只肯落在梧桐树上。唐以后，梧桐种植已相当普遍，许多诗家在吟咏梧桐时必会提及凤凰，如唐代诗人杜甫《秋兴》中的"碧梧栖老凤凰枝"，李白《赠饶阳张司户燧》中的"宁知鸾凤意，远托椅桐前。"明代程本立还有《凤鸣梧》诗云："梧桐生高冈，亭亭凌紫霄。鸣凤丹山来，依此百年乔。"至今，人们还常

说"栽下梧桐树，自有凤凰来""多栽引凤树，迎来天下客"，当然，这些话语中的凤，多喻指人才，而所谓的梧桐，则指代有利于人才发挥作用的机制和环境。

在日常生活中，凤凰的影子也随处可见。人们经常用凤凰的美丽来形容人的仪表，比如用"鸾姿凤态"形容人的不凡外表，用"凤表龙姿"来形容外表英俊。由于凤凰象征高贵，人们则用"攀龙附凤"来比喻巴结、投靠有权势的人。就连怀孕生子，如果哪家喜得有男有女的双胞胎，人们便喜欢用"龙凤胎"相称。民以食为天，在中国林林总总的美味佳肴中，以凤命名的菜肴羹汤数不胜数，比如"游龙戏凤""凤凰闹海""一卵孵双凤""瓦

罐凤爪""龙凤呈祥""凤凰金珠"等。而以凤命名的花色冷盘更是不计其数，比较知名的如"立凤""凤彩香目""凤凰展翅""凤穿牡丹""凤戏牡丹""龙凤呈祥""百花朝凤"等。当然，凤作为人们想象出来的一种神鸟，在现实生活中并不存在，美食中能见到的大多是凤凰的取材对象如鸡、鸽子等鸟禽，比如"靖江扒凤腿"就是用鸡大腿扒烧而成，再点缀以青菜心和鸡蛋。日常吃的水果也有以凤命名的，

| "龙凤呈祥"菜品雕刻 |

其中首推广泛栽植于我国台湾、广东、广西、福建等地的凤梨。凤梨也就是我们熟悉的菠萝。每到果熟时节，街头巷尾常见小贩将凤梨削皮或切块售卖，其味酸甜，有特殊的果香味。凤梨不仅能当水果鲜食，还可入菜，比如凤梨烩排骨、凤梨咖喱鸡、凤梨咕咾肉等，亦可制作蜜饯、糖果、饮料、醋、柠檬酸、酒精、乳酸等。凤梨之所以与凤鸟扯上关系，是由于凤梨顶端狭长、基生的绿叶形似凤尾，故名凤梨。

随着时代的发展，凤凰艺术在中国这片古老的土地上已经历了数千年的演变，直到今天仍在不断创造新的艺术形式。除了祖祖辈辈传承下来的寓意幸福、美好的吉祥图案外，凤凰形象在全

球化、信息化以及高科技的时代背景下不断推陈出新，广泛运用于广告、服饰、环境设计等诸多领域，焕发出新的勃勃生机。在我们生活的城市中，经常能看到各种造型的凤凰雕塑艺术，它们矗立在广场、公园、绿地、车站、道路、步行街等公共场所，或昂首阔步，或优雅起舞，或展翅飞翔，气宇轩昂，充满活力。它们大多以吉祥瑞鸟的身份出现在人们的视野中，有的还以流传久远的神话传说为表现题材，如以春秋时期秦穆公筑凤凰台，萧史、弄玉吹箫引凤为题材的雕塑在全国就有很多座，如陕西宝鸡凤翔笙箫园中的"吹箫引凤"大型铜雕，江苏扬州凤凰岛国家湿地公园中的"吹箫引凤"大型花岗岩石雕。

现当代凤凰艺术的一大特点是变形凤纹的大量涌现。有些学校、电视台、酒店、企业喜欢以凤为名，并用凤作标志，在设计时多采用变形凤纹的图案，比如凤凰自行车、上海老凤祥银楼、凤凰珍珠霜的商标，凤凰卫视的台标等。以凤凰卫视为例，该台以抽象的凤凰旋转交融

| 扬州凤凰岛国家湿地公园"吹箫引凤"石雕 |

的形象为台标，借用了中国传统的"喜相逢"构图形式，反映出一种深厚的文化底蕴，同时凤凰的形象既简洁又极富动感，体现了现代媒体的特色。一凤一凰，一阴一阳两个主体像两团燃烧的火，极富动感地共融在一个圆内，既具直观性又有象征寓意。两只神鸟头朝里、尾朝外呈弧形打开，所有的口都突出开放的特点，寓意凤凰卫视开放办台，欢迎合作，以开放的姿态融入世界，让世界了解中国。凤凰卫视台标的设计构想由其创始人之一刘长乐先生提出，是"以中国传统凤文化和太极文化为魂，以西方莫比乌斯环为形的凤凰中心"。台标以华夏民族最为推崇的黄色为主色调，并辅以同样深受华人喜爱的红色，符合该台为全球华人服务的定位。凤凰卫视独特

的台标给每一个见到它的人都留下了深刻印象，使遍布世界各地的华人获得了共同的形象感召。这些崭新的凤鸟形象，不仅富有鲜明的时代气息，同时也传承了中华民族传统的审美情趣。

在中国传统吉祥文化中，凤是仅次于龙的吉祥瑞兽，但与龙刚健威严的形象相比，凤的仪容更为秀雅柔美，也更加平易近人。龙、凤互补，便形成了博大精深的龙凤文化。如今，随着社会的发展和人类认识水平的提高，凤的象征意义也发生了相应的变化，人们早已不再把凤视为专制皇权的标识，而是把它当作中华民族传统文化的象征。作为表现力丰富的文化符号，凤和龙一样，中华文化传播到哪里，它就飞栖到哪里。五洲四海，只要有华人的地方，就会有凤凰美丽的身影。

图书在版编目（ＣＩＰ）数据

吉祥瑞兽. 凤凰 / 宋丙玲编著 ; 张勃本辑主编. --
哈尔滨 : 黑龙江少年儿童出版社，2020.2（2021.8重印）
　　（记住乡愁：留给孩子们的中国民俗文化 / 刘魁立
主编. 第十一辑，生肖祥瑞辑）
　　ISBN 978-7-5319-6533-6

　　Ⅰ. ①吉⋯ Ⅱ. ①宋⋯ ②张⋯ Ⅲ. ①图腾－文化－
中国－青少年读物 Ⅳ. ①B933-49

中国版本图书馆CIP数据核字(2020)第005509号

记住乡愁——留给孩子们的中国民俗文化　　　　刘魁立◎主编
第十一辑 生肖祥瑞辑　　　　　　　　　　　　张　勃◎本辑主编

吉祥瑞兽·凤凰 JIXIANG RUISHOU·FENGHUANG　　　宋丙玲◎编著

出 版 人：商　亮
项目策划：张立新　刘伟波
项目统筹：华　汉
责任编辑：夏文竹
整体设计：文思天纵
责任印制：李　妍　王　刚
出版发行：黑龙江少年儿童出版社
　　　　　　（黑龙江省哈尔滨市南岗区宣庆小区8号楼 150090）
网　　址：www.lsbook.com.cn
经　　销：全国新华书店
印　　装：北京一鑫印务有限责任公司
开　　本：787 mm×1092 mm　1/16
印　　张：5
字　　数：50千
书　　号：ISBN 978-7-5319-6533-6
版　　次：2020年2月第1版
印　　次：2021年8月第2次印刷
定　　价：35.00元